SABEDORIA DE
HERMÓGENES

DEUS

SABEDORIA DE
HERMÓGENES

DEUS

Seleção de textos
e organização
Fredímio B. Trotta

1ª edição

Rio de Janeiro | 2014

CIP-BRASIL. CATALOGAÇÃO NA PUBLICAÇÃO
SINDICATO NACIONAL DOS EDITORES DE LIVROS, RJ

H475d
Hermógenes, 1921-
    Deus / Hermógenes; organização Fredímio Trotta. — 1. ed. — Rio de Janeiro: Best*Seller*, 2014.
    il.

ISBN 978-85-7701-346-3

1. Deus. 2. Meditações. 3. Vida cristã. I. Trotta, Fredímio. II. Título.

13-04318
CDD: 291.43
CDU: 291.4

Título original:
Coleção sabedoria de Hermógenes – Volume 5
Copyright © 2014 by José Hermógenes de Andrade Filho
e Fredímio Biasotto Trotta

Editoração eletrônica: FA Studio

Todos os direitos reservados. Proibida a reprodução, no todo ou em parte, sem autorização prévia por escrito da editora, sejam quais forem os meios empregados, com exceção das resenhas literárias, que podem reproduzir algumas passagens do livro, desde que citada a fonte.

Direitos exclusivos de publicação em língua portuguesa para o mundo reservados pela EDITORA BEST SELLER LTDA.
Rua Argentina, 171 — Rio de Janeiro, RJ — 20921-380
Tel.: 2585-2000

Impresso no Brasil

ISBN 978-85-7701-346-3

Seja um leitor preferencial Record.
Cadastre-se e receba informações sobre nossos lançamentos e nossas promoções.

Atendimento e venda direta ao leitor:
mdireto@record.com.br ou (21) 2585-2002

Apresentação

Numa época já conceituada como "a era das incertezas", desprovida de verdades essenciais, marcada por um incômodo desencanto, pelo fracasso das ideologias, por excesso de informações, consumismo desenfreado e muita ansiedade, os homens clamam por certezas, tensionados entre o efêmero e o eterno.

Quem somos? De onde viemos? O que devemos fazer? Para onde vamos? O que nos move? Qual o nosso papel na grande partitura da vida universal?

São muitas as recorrentes indagações existenciais do homem moderno.

A valiosa obra de nosso querido Mestre Hermógenes nos dá respostas satisfatórias e consistentes a esse ansioso desejo de resposta, equacionando questões cruciais em nossas trajetórias.

Meu desejo com esta coleção, fruto de alguns anos em que me debrucei sobre os mananciais de sabedoria de Hermógenes, na imensa responsabilidade de selecionar e organizar, por livros temáticos, seus mais impactantes pensamentos, é proporcionar ao leitor um encontro fascinante com o melhor de Hermógenes.

Educador, filósofo, orientador e difusor do Yoga, criador de prestigiados métodos de treinamentos para a saúde corpórea, mental e anímica, pioneiro da medicina holística (integral) no Brasil, o Professor Hermógenes, como é mais conhecido nacional e internacionalmente, se dedica ao desenvolvimento físico, psíquico, ético, filosófico e espiritual da humanidade.

De fala tranquila e pausada, cabelos alvos contrastando com os incisivos olhos azuis, generoso e iluminado como só se apresentam os grandes avatares, nosso Professor é um semeador de campos de alegria e bem-estar.

O encontro com Hermógenes é uma aventura empolgante. Um banquete de respostas espirituais, verdadeiro bálsamo para a alma. A consulta diária desta seleção de ensinamentos, poemas, convicções e convocações do Mestre, toca, comove, entusiasma, instrui. Inspira-nos a gestos de grandeza, contribui para o acerto de nossas escolhas, na resolução de questões cotidianas ou mesmo extraordinárias. Refina a razão e a sensibilidade.

Hermógenes, em sua imensa reserva de saberes, toma o leitor pelo braço e nos devolve algo que em algum instante da vida se perdeu.

Alguma coisa muito boa acontece onde o essencial é o Amor.

Desejo o máximo proveito ao estimado leitor.

Fredímio B. Trotta

SABEDORIA DE
HERMÓGENES

Deus

À medida que se galga um maior grau de consciência, as noções mais primitivas que se fazem da Divindade vão sendo deixadas para trás, para as mentes que ainda as aceitam. E as noções mais altas, as mais libertadoras e grandiosas, as menos antropomorfizadas vão sendo alcançadas somente pelos que mais se aprofundam em ciência, em filosofia e meditação.

(Yoga para nervosos)

■

Imaginamos Deus um pai e nós seus filhos. Isto não é errado, mas o fato é que antropomorfizamos Deus, ou seja, atribuímos-Lhe sentimentos, desejos, opções, emoções, e mesmo paixões e atos típicos do homem (*antropos*).

(Superação)

■

■

A providência divina esnoba nossa
pobre lógica. Um Deus que se
deixasse engaiolar em nossas
especulações racionais não seria Deus,
mas alguém "à nossa imagem e
semelhança".

(Cintilações)

■

■

Este Misterioso Algo é a Substância
Una de tudo. É também a Lei
Universal que rege tudo.

(Juventude verdade)

■

■

Só em relação a Deus podemos dizer que eternamente *É*. De tudo mais, de tudo que existe só podemos dizer que eventualmente *está*.

(Dê uma chance a Deus)

■

■

O maior grau de realidade onde está:
no gelo?
na água?
no vapor d'água?
nos dois gases que o compõem?
nas partículas e cargas que os
formam?
Ou
em Algo
mais sutil
que prótons e elétrons?!...

(Canção universal)

■

■

Se quiseres reunir tudo e o Todo, o imanente e o Transcendente, o temporal e o Eterno, o relativo e o Absoluto, o finito e o Infinito, o nome e o Inominável numa única palavra, ajoelha-te, aquieta-te, acalma-te, concentra-te e balbucia com o coração: Deus, Deus, Deus...

(Yoga: caminho para Deus)

■

■

Para que
criou Deus este mundo?

Só Deus sabe dizer.
Você saberá entender?

(Canção universal)

■

■
Onde está Deus?

Onde não está?

(Canção universal)
■

■

É dificílimo *des-convencer* uma pessoa que desde a infância acredita estar Deus entronizado num misterioso reino remoto e inacessível. Para ela Deus existe, mas num céu enigmático, tendo vivido há milênios e ido embora depois.

(Dê uma chance a Deus)

■

■

Deus é, para todas as criaturas, o que para todos os rios é o mar.

(Cintilações)

■

■

A Essência sua, minha, a de todos,
tem mil e um nomes, e um dos mais
familiares no ocidente dito cristão é
Deus, do qual se afirma ser *onipotente*,
porque para Ele não há impossíveis;
onisciente, por saber tudo; *onipresente*,
por estar presente em toda parte;
infinito, porque transcende o espaço;
eterno, por pairar além do tempo.
É muito estimulante ficar sabendo
que, em Essência, nós somos
tudo isto também.

(Dê uma chance a Deus)

■

■

Deus é nossa íntima e última
Essência, nosso verdadeiro substrato
e sustento, e, como disse São Paulo,
*nele vivemos, nos movemos e temos nosso
Ser*. Deus está tão longe de nós como
o ouro está longe do anel, do colar e
da pulseira feitos dele.

(Dê uma chance a Deus)

■

■

No grão de areia e na galáxia está
o mesmo Onipresente.

(Mergulho na paz)

■

∎

Ao nos incentivar a alcançar a infinita perfeição do Pai, Cristo diz que somos infinitamente perfectíveis. Não acreditar nisto é nosso pecado original. O mais decaído e primitivo facínora, por incrível que pareça, é potencialmente divino. Somos todos germes da Divindade a caminho da brotação, do crescimento e da plenificação.

(Cintilações 2)

∎

∎

O Mestre ensinou-me a ver tudo e
todos como expressões
diversas do Uno.
Mostrou-me Deus
em todos e em tudo.
Advertiu-me porém: os gatinhos
podem ser acariciados, mas não se
tente abraçar os ouriços.

(Viver em Deus)

∎

■

"Pecado original" é ignorar a Verdade
e agarrar-se à ilusão. Sai Baba muitas
vezes tem dito que a pedra não é
Deus, mas Deus é (também) a pedra.
Há até quem negue a Deus o direito
de ser (também) a pedra, mesmo que
Ele seja a essência única de tudo
que existe, incluindo a pedra.

(Iniciação ao Yoga)

■

■

Entre os hindus há uma forma de cumprimentar que eu gostaria que se universalizasse, tanto que unisse os homens em compreensão e amor.

Eles dizem uns aos outros:

— *Namastê*.

Namastê quer dizer:

Deus em mim saúda Deus em você;
Deus em mim ama Deus em você;
Deus em mim serve Deus em você;
Deus em mim *sabe* Deus em você;
Você e eu somos um, em Deus!

(Canção universal)

■

■

Aconselha a sabedoria que, ao servir a
um necessitado, procuremos ver não
só sua figura humana oprimida pelo
sofrimento, mas Aquilo que não
aparece — sua essência divina.
Quando o conseguirmos, passaremos
a servir ao próprio Deus. É normal
supor que *nós* ajudamos, *nós*
amparamos, *nós* fazemos este e aquele
bem. Precisamos mudar e passar a
creditar a Deus todos os méritos,
totalmente convencidos de sermos
apenas instrumentos que
Ele manuseia.

(Dê uma chance a Deus)

■

■

Bem-aventurado o dia em que o homem conseguir deixar de ver-se uma ilhazinha frágil e má, e descobrir que sua essência — Deus — é a mesma nele e em todos, até mesmo naquele que julga ser seu adversário.

Só então se poderá entender Jesus dizendo:

— "Amai os vossos inimigos";

— "Tudo que quereis que os homens vos façam, fazei-lhes também vós a eles..."

Você e eu somos um.

(Canção universal)

■

■

Descartemos o autorretrato sugerido
segundo o qual somos pecadores e
filhos do pecado. Não somos isto.
Apenas parecemos ser.
Na verdade, somos Deus.

(Setas no caminho de volta)

■

Homem é semente de Deus.
O germinar e sair são Educação.

(Viver em Deus)

■

Precisamos vencer a ilusão que nos faz *distintos* e *distantes* dos outros e de Deus.
O antídoto contra tão funesta ilusão é a Verdade que liberta. Conquistá-la é a empreitada máxima de nossas existências. Para tanto, temos de aperfeiçoar, aprofundar, purificar e intensificar nosso amor por ela e manifestar tal amor através de serviço ao próximo, pois, como vimos, o próximo é também o mesmo Deus que somos.

(Yoga: caminho para Deus)

■

■

Namastê (Deus em mim saúda
Deus em você).

(Canção universal)

■

A natural sede de plenitude, que revela nossa carência existencial, impõe-nos uma corajosa e inquebrantável busca no eterno insondável, uma bem-aventurada caminhada para o encontro do Divino em nós.

(Viver em Deus)

∎

Perdoa, meu Deus, o tempo em que
Te busquei fora de mim, num ignoto
céu distante.

(Deus investe em você)

∎

■

Persiste, irmão. Continua batendo.
Bate sempre, a todo instante.
A cada respiração, a cada palavra, a
cada passo, a cada sonho que tiveres,
no que fizeres, ao afagares um
gatinho, ao deitares a semente no
canteiro, ao escreveres tuas cartas, ao
ouvires ou fazeres música, em cada
cumprimento, em cada gozo, em cada
amargura, onde estiveres, com quem
estiveres... lembra-te de que És Deus
fazendo algo para Deus. É assim que
se bate à Porta.

(Yoga: caminho para Deus)

■

■

Quem quer saber *Deus*
começa por
servir e adorar.

(Canção universal)

■

∎

Por que os homens se obstinam e
continuam a ter dia, hora, lugar
marcado, rótulos e rígidas fórmulas
para adorar a Deus?
Por que limitam Deus?!

(Silêncio, tranquilidade, luz)

∎

Em nosso caminhar para o Reino ninguém tem o direito de nos cobrar pedágio, sob a alegação de pertencer à corte e ser íntimo do Rei.

(Cintilações 2)

■

Há devotos incultos que só conseguem realizar uma forma nada filosófica de culto. Que continuem. Desde que seu culto, embora primitivo, e sua adoração ingênua sejam expressões do verdadeiro *prema*, Deus não o deixa à míngua de resposta. Ele ajuda seu humilde e simplório adorador. Deus não é elitista. E só leva em conta a pureza, a sinceridade, a autodoação e o verdadeiro amor que inspiram o culto.

(O que é Yoga)

■

■

Não encontramos Deus por dois motivos: motivação insuficiente e inabilidade na busca.

(Superação)

■

■

Se você ainda pensa que Deus
está eternamente isolado num
esplendoroso dourado e inacessível e
mesmo inimaginável recanto do
Universo, mude de ideia. Ele está
mais perto de você que sua própria
pele, dentro de você, em seu coração.
No entanto, também está presente em
toda parte fora de você. Quer ver
como é fácil O encontrar?
Socorra o necessitado anônimo e
tenha a plena certeza de que está
ajudando ao próprio Cristo. Foi ele
mesmo que sugeriu isto.

(O presente)

■

■

São processos eficazes para atingirmos a meta, e encontrarmos Deus: oração sem egoísmo; ação sem egoísmo; meditação sem egoísmo; a repetição incessante do nome de Deus (pronuncie aquele de que mais gosta), mas sem egoísmo; relaxamentos sem egoísmo; leitura de livros que falem de Deus; conversas com pessoas que busquem e amem Deus; cultos em sua igreja, seja ela qual for; caridade.

Tudo isto sem egoísmo.

(Superação)

■

∎

Ninguém encontrará Deus em
catedral, mesquita, sinagoga, stupa,
templo, centro ou terreiro, se já não
O sinta no coração, se ainda não
O expresse em atos e vibrações de
amor, se não coopere com
Ele prestando serviço, se ainda deixa
o *eu* vencer.

(Mergulho na paz)

∎

■

Se você já descobriu que um dos caminhos mais eficientes que nos religam a Deus é ajudar, servir, amparar, proteger... aqueles que precisam, comece agora mesmo.

(Deus investe em você)

■

•

Na serenidade é que posso estar
com Deus a ajudar-me.

(Deus investe em você)

•

■

Há um fogo sem fumaça
— o da sabedoria.
Há uma asa sem limites
— a da liberdade.
Há uma Vida que não cessa
— aquela que não nasce.
Há uma imersão sem emersão
— o mergulho iluminativo na
Essência, no Ser.
Há uma paz que transcende a humana
compreensão
— a do encontro com Deus.

(Viver em Deus)

■

■

A gente não pode escutar Deus
enquanto se vê ansiosa e preocupada,
enquanto queixosa e inquieta,
distraída, consumida e enovelada em
conflito; finalmente, ensurdecida
por pensamentos e sentimentos
egocentrados. Só quando, em
relaxamento, total e irrestritamente
entregues ao Pai, conseguimos firmar
nossa condição de filhos,
oferecendo-nos docilmente a Seus
desígnios, produzimos o silêncio, que
nos permite ouvi-Lo.

(Superação)

■

■

É maravilhoso aperfeiçoar,
aprofundar e intensificar o diálogo
com Deus. Em verdade Ele sempre
esteve, está e infalivelmente estará se
doando no milagre da Sua Graça, que
jorra generosa, abundante, em toda
parte, sobre qualquer um,
indiferentemente se santo ou pecador.

(Dê uma chance a Deus)

■

∎

A água da chuva é límpida
e muito pura.
Se parece parda e suja é por causa da
poeira que encontra nas ruas.
As verdades de Deus também ficam
turvas por causa da impureza que
encontram nas mentes dos homens.

(Yoga: caminho para Deus)

∎

■

Duas coisas fazem Deus falar:
nosso necessitado apelo e nosso total
silêncio devoto.

(Yoga: caminho para Deus)

■

■

Até agora não escutaste a voz
de Deus em tua alma.
A razão é esta:
até agora não conseguiste que ela
parasse de gemer suas aflições e
cantarolar seus prazeres.

(Mergulho na paz)

■

■

Foi-nos feita a promessa
— *batei e abrir-se-vos-á*.
E nós batemos?!

Sem cessar Deus nos bate à porta.
Insiste caridoso, amoroso,
batendo, batendo, batendo...
E nós abrimos?!

Continua

Continuação

Por que
continuamos, indiferentes,
sem bater?

Por que,
insensíveis,
obstinamo-nos em não abrir?

Por que
até agora
uma porta nos separa de Deus?!

(Canção universal)

∎

Ao homem-mundo de todos os tempos e de todos os reinos, o Mestre ensinava a orar:

— Ensina-me, Senhor, a amar-Te na morte, pois na vida é mais fácil. Ensina-me a encontrar-Te na feiura, pois na beleza é mais simples.

Ensina-me a ver-Te em quem de mim não gosta, pois sei que estás na pessoa que me ama.

Ensina-me a louvar-Te quando em plena desventura, pois a felicidade, bem sei, és Tu mesmo.

Ensina-me a realizar-Te em mim, pois já consigo deslumbrar-me com Tua presença flagrante num céu cheio de estrelas.

(Mergulho na paz)

∎

Na infância, a gente pede:
— eu Te peço, meu Deus.
Na adolescência, a gente ama: — meu
Deus, eu Te adoro. Na maturidade, a
gente serve: — Deus, usa-me.
Na sabedoria, que não tem idade, a
gente se identifica:
— eu sou Tu; Tu és eu.

(Mergulho na paz)

∎

∎

Pessoas que se têm por *normais*, *normalmente* autoalienadas de Deus, em horas difíceis Lhe fazem orações aflitas, rogando que Ele afaste o amargo cálice. Se Deus, em Sua suprema sabedoria e misericórdia, não atender tal qual o foi pedido, arranja mais um inimigo.

(Dê uma chance a Deus)

∎

■

Deus não atende a toques de campainha.

(Yoga para nervosos)

■

■

Não posso pedir a Deus o que eu
ainda não tenho direito de ter.

(in *site do Instituto Hermógenes,
disponível na internet*)

■

■

O pedido supremo a fazer
a Deus é Ele mesmo.
Procurar Deus é a procura
mais excelsa.
Bater na porta Dele, pedindo que
abra, é a sabedoria máxima.

(O essencial da vida)

■

Um grande banqueiro ficaria muito triste com seu filho se este, em vez de pedir-lhe o banco inteiro, como direito de filho, mendigasse tão somente o empréstimo de uns pobres trocados. Nós somos filhos amados do mais rico dos banqueiros, e Ele nos prometeu que, se O amarmos, se Nele buscarmos refúgio, luz e paz, se só pensarmos Nele, se O quisermos acima de tudo, se a Ele inteiramente nos devotarmos, tudo quanto é Dele será nosso, tudo quanto Ele é, nós viremos a ser.

(O essencial da vida)

■

Devemos pedir Deus a Deus e
esquecer todas as outras buscas, todas
as demais portas.

(O essencial da vida)

■

■

A humildade mais inteligente e mais fecunda é calar para poder escutar Deus, e nada Lhe pedir, confiando totalmente no que Ele quiser fazer.

(Mergulho na paz)

■

■

Amar a Deus é a mais prodigiosa
vacina polivalente à disposição da
humanidade. Seus efeitos colaterais
são inúmeros. Todos benfazejos.
Não dói e nada custa.
Nunca falta no mercado.

(Silêncio, tranquilidade, luz)

■

■

O templo de Deus se estende por toda a vastidão do Universo. Seu altar, embora em toda parte, resplandece mais no coração do devoto. A hora de adorar é o eterno agora. A melhor oferenda é qualquer ato compassivo, praticado sem intenção de recompensa.

(Cintilações 2)

■

■

Os textos sagrados da Índia
alertam-nos para que não nos
deixemos apaixonar a não ser pelo
próprio Deus, pois é o único eterno,
isto é, Aquilo que não muda ao
desfilar do tempo, sendo, portanto,
eternamente o mesmo.
É a única Realidade exatamente
porque não muda. Tudo mais sofre
transformação, aprisionado no
ininterrupto processo de nascer-viver-
morrer, surgir-existir-sumir...

(Dê uma chance a Deus)

■

∎

Quando nos deixamos apaixonar pelo impermanente, portanto ilusório, tornamo-nos vítimas passivas de apegos e aversões — dois grandes geradores de estresse e, consequentemente, de enfermidades que maltratam e matam. A melhor terapia nos leva a apaixonar-nos por Deus, o Eterno, Aquele que o tempo não consegue alterar, que é hoje o que sempre foi e jamais deixará de ser. Isto depende de cultivar a renúncia para poder evitar apegos, e aprender a verdadeiramente amar para eliminar aversões.

(Dê uma chance a Deus)

∎

■

Amar a Deus acima de todas as coisas
(inclusive e principalmente acima
de nós mesmos) é amar
incondicionalmente, amar tanto que
nada nos perturba, que nada nos falta,
que nada exigimos ou por nada
ansiamos, que nada nos possa fazer
pensar qué somos infelizes
e inferiores.

*(Yoga, paz com a vida — Logoterapia
para nervosos)*

■

■

Cânticos de louvor, hinos devocionais, *bhajans*, salmos, ladainhas, jaculatórias, *japas* (repetição de um *mantra*), *namasmarana* (repetição exaustiva de um dos muitos nomes de Deus, seja qual for, mas sempre o mesmo, conforme ensina Sai Baba), são formas de expressar amor a Deus, de purificar a mente, de minimizar o ego, de conquistar a paz (*shanti*) e a felicidade suprema (*ananda*).

(O essencial da vida)

■

■

Uma das formas indispensáveis de
você amar a Deus é reverenciar o
Deus que outra pessoa cultua, que é,
em essência, o mesmo.
Não amamos a Deus quando
detestamos ou perseguimos,
desprezamos ou agredimos as pessoas
que, em outras formas de religião,
cultuam um Deus diferente
de como o fazemos.

(Deus investe em você)

■

■

Desculpa, meu Deus, se não me
ajoelho cada vez que Te vejo.
Tenho que trabalhar... não posso viver
ajoelhado.

(Mergulho na paz)

■

∎

Deus não precisa de nossos louvores.
Nós é que precisamos louvá-Lo.

(Cintilações)

∎

■

Adoro-Te, Deus meu, quando
Te encontro árvore e me dás frutos
e sombras.
Adoro-Te quando riacho a matar
minha sede.
Adoro-Te no próximo.
Adoro-Te a criar novas formas.
Adoro-Te a destruir o que deve
mudar.
Adoro-Te quando nascimento e
também quando morte.

Continua

Continuação

Adoro-Te onde quer que seja, como quer que seja, quando quer que seja. Adoro-Te dentro e fora, no cume e na raiz, no oriente e no ocaso, no fogo e no gelo, na bonança e na tormenta, no sono e na vigília, no tempo e na Eternidade, imanente e transcendente, dentro de limites e Infinito, na existência e na Essência.

(Mergulho na paz)

∎

Confiar-se a Deus só pode ser conveniente. Ele é Onisciente, portanto sabe o melhor para nós. É Onipotente, portanto nada lhe é impossível. Entregar-nos a Deus é alívio, é paz, é remédio, é solução.

(Yoga: caminho para Deus)

∎

Entregar-nos a Deus é o melhor dos tratamentos.
Ele sabe o que somos e o que ainda nos falta ser, o que temos e o de que ainda carecemos, o que fazemos e o que ainda devemos fazer, o de que precisamos e o que nos sobeja, o que nos ergue e o que nos derruba, o que sofremos e o que ainda precisamos sofrer... E então nos dá o remédio adequado, na dose exata.
Onipotente, nada é impossível a Ele para curar-nos.
Entregar-nos a Deus é a melhor religião.

(Yoga: caminho para Deus)

∎

■

Providencie diligentemente, mas se dê
à e confie na Providência.

(Yoga: caminho para Deus)

■

∎

Em vez da ansiedade imprudente,
consulte Deus e Nele se refugie.
Estando com Deus, em vez da
inquietude, dá-se a doçura da entrega.
Isto naturalmente implica a disposição
de aceitar o que Ele lhe intuir. Tenha
a certeza de que, na hora oportuna,
Deus lhe inspirará a melhor opção.
Se sua entrega for incondicional, não
lhe sobrarão dúvidas e inquietudes.

(Dê uma chance a Deus)

∎

■

Aproveite para desenvolver a fé que se manifesta em acreditar na Sabedoria e no Amor de Deus, que não deseja castigar, mas amadurecer a alma; e acreditar que Ele é benignidade, misericórdia, e pode, e quer, sempre aliviar-nos, curar-nos, salvar-nos, esperando apenas que alcancemos a condição psicológica de receptividade e confiança.

(Superação)

■

■

À noite, quando me deito, não me
entrego ao sono.
Entrego-me total e
incondicionalmente ao Ser Supremo,
que toma conta de mim.
Quando desperto, faço o mesmo.

(Yoga: caminho para Deus)

■

Quando dificuldades vencem minhas insistentes e extenuantes tentativas de vencer; quando oprimido por avalanches de irremediáveis; quando atacado por forças incontroláveis; quando um despojamento se tornou inevitável, alcanço segurança e paz no ato de *entregar-me* a Deus, e, *confiando* que Ele só me destina o melhor, predisponho-me a *aceitar* incondicionalmente o que vier, e, para plenificar a submissão salvadora, antecipo meu mais sincero *agradecimento*.

A misericórdia divina é infalível Deus sabe incondicionalmente mais o que em verdade nos convém, mesmo que nos chegue em forma de dor.

(Dê uma chance a Deus)

■

Nossa entrega a Deus se torna
irrestrita na medida em que nos
convencemos de que para Ele não há
impossíveis e mais, que infalivelmente
Ele nos dá aquilo que mais nos
convém, mesmo que seja o oposto
daquilo que lhe pedimos.

(Cintilações 2)

■

■

Eu aceito o que vier como resposta — minha maneira de dar amor a Deus.

(in *site do Instituto Hermógenes, disponível na internet*)

■

■

Se tenho certeza de que a
generosidade de Deus me dá aquilo de
que necessito dentro do pouco que
mereço, passo a viver confiantemente
entregue a Ele. Sendo assim, por que
e para que consultaria adivinhos?!

(Cintilações 2)

■

■

A resposta à minha entrega pode vir, no início, paradoxalmente até mesmo na forma de uma piora, de um agravamento da crise e até de uma aparente derrota. Isso porém não deve abalar minha confiança, e é assim que *aceito* como o melhor. Se eu me agastar por uma resposta contraditória, é porque minha entrega e confiança foram apenas parciais e vacilantes. E é por saber que o mais sábio e justo me será concedido que antecipadamente *agradeço* à Providência. Tal atitude é minha eloquente declaração de amor a Deus.

(Dê uma chance a Deus)

■

O santo amor de Deus se manifesta no reconforto, mas também na provação; em minhas vitórias mas também em minhas derrotas; em meus sorrisos mas também em minhas lágrimas; na saúde e igualmente na enfermidade... É assim que, em vez de pedir isto ou aquilo, rendo-me, aceito e agradeço pelo que chegar.

(Cintilações 2)

∎

Que estranha mania a nossa, a de só esperarmos de Deus aquilo que, segundo nossa distorcida avaliação, nos convém e gratifica.

(Cintilações 2)

∎

■

A expressão "se Deus quiser" perdeu seu significado literal. Quando uma jovem diz "arranjarei um marido, se Deus quiser", efetivamente está querendo dizer que "Deus não pode deixar de querer".

(Viver em Deus)

■

■

Aos que choram abandono, ingratidão, preterição, desastre, falência, doença, queda... os Mestres receitam o mágico remédio que é a humilde e sábia aceitação. Ensinam a dizer: "Entrego-me a Deus, haja o que houver, e, assim, alcanço a Paz."

(Yoga: caminho para Deus)

■

■

Vendo a civilização desmoronar e me
vendo incapaz de evitar, chego a
pensar: "— Não passo de humilde
faxineiro da grande firma."
O dono, que tudo sabe e tudo pode,
está presente, tem seus planos
perfeitos e permite tudo isto.
Para não me angustiar, só me resta
repetir o *mantra*: entrego, confio,
aceito e até agradeço.

(Cintilações 2)

■

■

Em Deus o único refúgio.

(Dê uma chance a Deus)

■

■
Entrego, confio, aceito e agradeço.

(Cintilações 2)
■

■

Ofereça a Deus seus talentos, seu tempo, seus haveres, seus poderes, seus afazeres, sua vontade, seus pensamentos, seu espaço, seus sentimentos... e, assim, onde você estiver, O estará presenteando no ilimitado templo de Sua onipresença e o chão que você pisar ter-se-á transformado em lugar sagrado.

(O essencial da vida)

■

O devoto, ou *bhakta*, contenta-se na gozosa contemplação do Amado, sem mesmo aspirar pela supressão da *distinção* e da *distância*, o que lhe permitiria fundir-se em Deus.
Para Ramakrishna, o devoto se contenta em saborear o dulçor sem jamais pretender transformar-se no próprio açúcar.
Os místicos preferem a *via unitiva*, buscam se unificar e fundir em Deus, extinguindo a *distinção* e a *distância*.
Querem se tornar açúcar.

(O essencial da vida)

No seu dia a dia, o *yoguin* está aberto ao que vier do Senhor. Quando deseja algo, trata de ser de acordo com o plano de Deus.

(Yoga: caminho para Deus)

∎

O reino do mundo pode
nos dar prazer.
Só o Reino de Deus é que
nos pode fazer felizes.

(Viver em Deus)

∎

■

Quando é grande nossa fé, Deus faz o milagre de transformar em flores os punhais que nos atiram.

(Mergulho na paz)

■

■

Os heróis dão a vida por uma
nobre causa.
Os santos dão o *eu* por Deus.

(Yoga: caminho para Deus)

■

■

Uma crença em Deus, quando se torna operante, transforma-se em Sabedoria.
Sabedoria é a "fé que remove montanhas".
Antes disso, crença é apenas crença.

(Viver em Deus)

■

■

Não vivo à caça dos ansiosos poderes
da mente. Confio apenas na
onipotência de Deus.

(Cintilações 2)

■

■

"Seja feita a Vossa Vontade"...
A fé redimindo...
A humildade santificando...
A sabedoria acontecendo.

(Yoga: caminho para Deus)

■

■

Esteve comigo um teólogo.
Estava esmagado pelo sofrimento.
Como, se ele sabe tudo sobre Deus?!

(Viver em Deus)

■

■

Quem é mais religioso: um homem que *pertence* a uma religião mas sente saudade do mundo, ou um que é mundano mas padece inquieta saudade de Deus?!

(Viver em Deus)

■

■

Um tolo, todos os dias, batia no peito
e repetia contrito: "Eu pecador,
eu pecador, eu pecador..."
Acabou sendo.
Um sábio, mesmo quando em
sofrimento, orava, repetindo:
"Eu e Deus somos um, Deus e eu
somos um, eu e Deus somos um..."
Acabou sendo.

(Mergulho na paz)

■

∎

Por que, Senhor,
ensinaram-me a temer-Te?
Por que devo pensar que és perdão,
se me faz tão bem Tua justiça?
Que mal me fizeram
ao me ensinarem a reconhecer-Te
somente nas minhas alegrias
e desconhecer-Te em meus
dissabores!
Como gostaria de sentir-Te
não só no ameno amanhecer
como também no fragor da borrasca!
Ensina-me Tu, Senhor,
a perceber Tua presença no verme
tanto quanto na lágrima das estrelas.
Se chegar a venerar-Te no areal da
praia,

Continua

Continuação

Não será um passo para ver-Te em
mim mesmo?!
Se os santos Te falam no santuário do
coração
e os sábios na sabedoria abissal
das leis que regem os mundos,
como não posso saber-Te
no íntimo altar de minhas células?!
Se Tua grandeza se expressa
na majestade do mar,
por que não
na pequenez do plâncton?!
Se Tua potência é explosão de galáxia,
por que não
fragilidade de falena?!

Continua

Continuação

Diante da vida eclodindo,
reverenciam-Te os homens.
Perante a frigidez da morte,
tremem e se deixam abater.
Quando poderei adorar-Te também
na morte de um ser querido?!
... e em minha própria morte?!

(Canção universal)

■

Obrigado, Senhor, pela compreensão
de que devo Te agradecer tudo,
tudo mesmo.

(Canção universal)

Quem ainda se entristece com as supostas venturas e pseudovitórias dos perversos é que ainda não tem humildade no julgar seus próprios julgamentos, e ainda desconfia da justiça de Deus.

(Yoga: caminho para Deus)

∎

Na Lei de Deus não há injustiça,
portanto, este sofrimento só
aparentemente é injusto, só
ilusoriamente é desnecessário, só
ilusoriamente é sofrimento.
Será que o que estás pedindo tão
sofregamente a Deus é o que
mais te convém?
É, efetivamente, o que te falta para
seres feliz?
É justo?
É sábio?
Queres fazer uma experiência?!
Deixa de pedir.

Continua

Continuação

Para por uns instantes.
Entrega-te a Ele.
Deixa que Ele decida.
Dize assim:
"Seja feita a Vossa Vontade."

(Yoga: caminho para Deus)

■

■

O sofrimento dos perversos
é justiça de Deus.
O do santo, sua glorificação,
por amor a Deus.

(Viver em Deus)

■

■

Deus é ao mesmo tempo suprema
bondade e justiça perfeita.
O *karma* é a justiça.
A Graça, a bondade.

(Superação)

■

■

Quando alguém atinge aquele estado de consciência no qual se arrepende de todo mal antes praticado e que está agora germinando sofrimento, quando em sua mente acontece o milagre libertador chamado *metanoia*, isto é, a total transmutação mental, pela qual a mente dá uma virada de 180° do mal para o bem, do apego para a renúncia, do ódio para o amor, da crueldade para a benevolência,

Continua

Continuação

do orgulho para a humanidade, da insanidade para a santidade, da ignorância para a sabedoria, da treva para a luz, finalmente, quando realiza a conversão ou convergência para Deus, atingiu a condição de receber o que Deus nunca lhe negara — Sua Graça, Sua Redenção.

(Superação)

■

■

De escravos do *karma* temos que
evoluir para Senhores de nosso
destino, contando para isto com nosso
esforço pessoal e com a onipotente,
onisciente, onipresente e onidoadora
Graça de Deus.

(Convite à não violência)

■

■

A Graça Divina é abundante,
contínua e onipresente. Igual à chuva
que cai sobre a erva daninha e sobre a
plantação de cereais, igual ao sol a
iluminar o santo e o decaído, ela não
para de jorrar sobre você, sobre seus
amados e também sobre seus inimigos.
Como vê, a Graça não discrimina.
Mas embora de graça, quem não
pagar adiantado não a recebe.
Nada de parcelamento ou pagamento
posterior. Que espécie de pagamento
é esse?! Apenas o esforço
para captá-la.

(Dê uma chance a Deus)

■

■

Sem o esforço do homem, a Graça de Deus, que, incondicional e permanentemente, se doa a todos, não opera a grande transformação libertadora. A Graça longe está de ser gratuita. Deus dá cem passos em direção ao homem, mas este tem de se antecipar e dar pelo menos um ao encontro dele.

(O presente)

■

■

Se Aladim não tivesse polido a lâmpada, até hoje o Gênio estaria desativado, prisioneiro dentro dela, inoperante. O necessitado tem de fazer algo, tem de dar o primeiro passo, tem de oferecer algo de si mesmo para se tornar merecedor. Deus é Pai, mas parece desaprovar o paternalismo.

(O presente)

■

■

Não importa a fundura do poço.
A mão de Deus sempre chega lá, em
atendimento aos apelos e ao sincero
arrependimento da alma caída.
Sua misericórdia é sem limites.

(Viver em Deus)

■

■

Nossa mente é como um copo. Umas pessoas têm seus copos voltados de boca para cima. A maioria, porém, os têm voltados para baixo. Aquelas estão abertas à Graça, e por isso a recebem em abundância. Estas se fecharam, e impossível é recolher a Graça que está sempre jorrando.

(Superação)

■

■

A Graça de Deus é chuva
que não cessa.
Cai em toda parte, abundante,
generosa, refrescante, fertilizante...
Mas a maioria de nós continua a
abrigar-se contra a chuva.

(Viver em Deus)

■

■

Os efeitos que ainda virão do passado poderão ser mudados por nosso esforço agora. Nosso agir agora pode se transformar em benevolência e consequentemente o futuro será feliz. Se fizermos nosso esforço pessoal, a Graça virá em socorro.

(Convite à não violência)

■

■

Suportar a dor cármica com
resignação e tranquilidade é positivo,
mas duvidar da Graça é negativo.
A Graça vence o *karma*.

(*Convite à não violência*)

■

O grande obstáculo à realização de Deus em nossas vidas, ou à conquista da Felicidade Suprema (objetivo para o qual vivemos), é aquilo que nos impede de dizer "eu e você somos Um" e "eu e o Pai somos Um".

É a *egosclerose*...

Fácil é, pois, concluir que, quando conseguirmos nos curar desta doença que acomete a todos, e anda por aí espalhando a miséria sob todas as formas, alcançaremos o Bem Supremo (*Sumum Bonum*).

(O essencial da vida)

Deus não se afasta. Nós O afastamos. Afastamos Deus na exata medida em que supomos que somos serezinhos, personalidades que, na ânsia de crescer, aparecer, prevalecer, formar-se e reafirmar-se, dividem o mundo e os seres em duas categorias: aquilo que agrada, por fortalecer o *eu*; e aquilo que desagrada, porque o ameaça ou incomoda. Aquilo que agrada, gratifica e conforta se transforma em objeto de apego. Tudo que desagrada ou ameaça torna-se objeto de rejeição, e até de ódio.

(Yoga, paz com a vida — Logoterapia para nervosos)

■

Se o *eu* é conflito, Deus é Paz. Se o *eu* é impermanência, Deus é Eternidade. Enquanto o *eu* é limitação, Deus é Infinito. Enquanto o *eu* é vacuidade, Deus é Plenitude. Enquanto o *eu* é doença, Deus é Sanidade-Santidade.

(Yoga, paz com a vida — Logoterapia para nervosos)

■

∎

Deus nos quer *inegoisticamente* amando
— homens e mulheres, feios e bonitos,
bons e maus, moços e velhos, quem
nos afaga e quem nos maltrata...
Eu também tenho achado isto difícil.
Mas é o que resolve. E para chegar a
fazer assim é que aqui estamos, neste
planeta-escola.

(Dê uma chance a Deus)

∎

∎

Na medida em que digo "eu sou diferente dos outros", torno-me automaticamente impedido de realizar minha unidade com Deus.
Se sou *diferente* e estou *distante do "próximo"*, também sou diferente de Deus e Dele estou afastado.

(O essencial da vida)

∎

Ora, se até agora a humanidade *normotizada*, em seu culto ao ego, ainda não conseguiu descobrir que foi traída em sua adoração ao adversário de Deus, não concordará facilmente em renunciar ao ego pela humildação, para se voltar a Deus pela devoção.

(O essencial da vida)

■

Usar Deus como um *meio* para alcançar qualquer *fim*, que só Ele pode dar, é artimanha do *adversário*, do ego. É o ego ainda a desejar as delícias do céu, ou uma reencarnação mais caprichada, ou outro *ganho* qualquer, usando Deus como um simples meio para alcançar o fim desejado.

(*O essencial da vida*)

■

Todos riam de um bobo que estava medindo a distância entre duas cidades usando um pauzinho de fósforo. Ninguém zomba dos vaidosos a quererem definir Deus com o instrumentozinho insignificante que é o intelecto humano.

(Mergulho na paz)

∎

Em eloquente e nobre silêncio, Deus não para de oferecer-se como paz, força, amor, libertação... Lamentavelmente, porém, indiferentes e surdos, rendemo-nos às ilusões do mundo externo. Por quê? Até quando? Ajuda-nos, Senhor. Livrai-nos deste grande mal!

(Cintilações 2)

∎

Todos podem prestar serviço. Só é preciso: sentir compaixão, minimizar o ego, renunciar ao "faturamento", entregar-se irrestritamente a Deus e começar pra valer. Quem não pode, por exemplo, orar pelo necessitado, oferecer compreensão e palavra de incentivo, escutar uma queixa...?

(Dê uma chance a Deus)

■

No íntimo de cada coração algum dia
se instalará um santo conflito, quando,
suspeitando da inteligência do culto
ao ego, nascer na pessoa a necessidade
de voltar-se para Deus. E aí começará
a caminhada redentora.

(O essencial da vida)

■

Conversando com certos ateus, aprendo mais sobre Deus do que quando escuto certos religiosos, cujo amor por Deus foi substituído pelo apego a suas confortáveis e inabaláveis crenças.

(Mergulho na paz)

■

A verdade é que, embora O negando teoricamente, os ateus de moral elevada afirmam Deus, servindo seus semelhantes no mundo. Tais seres são ateus, mas somente em relação a um Deus concebido e descrito pelo pobre intelecto humano. Eles *sabem e vivem* um Deus transcendente, que É, e não apenas que parece ser.

(Juventude verdade)

■

∎

Muito mais próximo de Deus está um ateu honesto e solícito em socorrer o necessitado do que um clérigo, pastor, conferencista espírita ou monge... muito rezador e pouco sincero.

(Juventude verdade)

∎

■

Muitos são ateus por amor a Deus.
Muitos são teístas por amor
a si mesmos.

(Yoga: caminho para Deus)

■

■

Há os que são ateus por ignorância arrogante. É frequente entre estudantes universitários um ateísmo nascido de semiciência e alimentado por vaidade intelectual. Depois de cortar um pedaço qualquer de cadáver, sem ter encontrado Deus entre os tecidos mortos, o acadêmico orgulhoso se diz ateu. Coitado!

(Yoga para nervosos)

■

■

Há também os que são ateus porque estão zangados. São criaturas a quem ensinaram que Deus está sempre ao nosso dispor, para atender eventuais pedidos. Ele então orou, pedindo isto ou aquilo, e Deus "fez ouvidos de mercador", e ele agora já não acredita em mais nada. É outra forma de ateísmo filho da ignorância, desta vez associada com o egoísmo fundamental.

(Yoga para nervosos)

■

■

O mundo está cheio de ateus que ficaram de mal com Deus porque Deus não se comportou com eles de acordo com o que em seus planos esperavam.

(Silêncio, tranquilidade, luz)

■

■

Qual dos dois está mais afastado de
Deus:
— o ateu que faz caridade
ou
— o erudito teólogo que não tem amor?

(Viver em Deus)

■

■
No fundo de nossa consciência está
escrito se somos ou não ateus.

(Yoga para nervosos)
■

∎

Os materialistas, iludidos, são engajados no mundo, mas alienados de Deus.

(Viver em Deus)

∎

∎

Duvidando de Deus temos assim
um relacionamento também duvidoso
com Ele.

(No site do Instituto Hermógenes)

∎

■

Toda plantinha busca a luz.
Todo navio, um porto.
Todo rio, sua foz.
Toda ave, seu ninho.
Toda abelha, flor.
Todo amante, a amada.
Todo faminto, nutrição.
Todo fatigado, repouso.
Todo sedento, fonte.
Todo viajante, abrigo para a noite.
Todo triste, alegria.
Todo desgraçado, esperança.
Todo ateu, Deus.

(Mergulho na paz)

■

∎

Desde o dia em que uma alma, envenenada de teoria elaborada e vazia, anunciou ao mundo "Deus morreu", desde aquele dia, começou o extermínio da poesia e a glorificação da violência.

(Mergulho na paz)

∎

■

Deus, o Ser Divino, Rei destronado, continua esquecido, desconhecido, negado, preterido, marginalizado.
Enquanto durar o reinado do impostor, e o Rei continuar no exílio, a vida será frustrada, pobre, limitada, vazia, embora até chegue a ser, para alguns, divertida.
Viva a revolução que restaurará o Rei.

(Yoga: caminho para Deus)

■

E ainda há quem diga que Deus é
onipotente!
É nada!!!
Poderosos somos nós que conseguimos,
em nossa ignorância,
com nosso egoísmo,
movidos por apegos, aversões e medos,
mantê-Lo sempre à distância...
Ele se dando,
e nós sem O receber;
Ele chamando,
e nós surdos a Seu clamor;
Ele querendo vir,
e nós O afastando...
Poderosos somos nós que continuamos
frustrando Deus!

(Viver em Deus)

■

É preciso nunca deixar de cultuar o
Verdadeiro Rei cujo trono foi
usurpado.

(Mergulho na paz)

■

O cosmos foi manifestado não aleatoriamente, mas segundo uma Lei perfeita e imutável, e é por isso que funciona de forma harmoniosa, eficiente, bela e perfeita, e continuará vivo e hígido enquanto ela plenamente reinar. Mesmo que de modo inconsciente, qualquer investigador científico, ao iniciar seus trabalhos, tem certeza de que uma Lei imutável rege todos os fenômenos que ele pretende pesquisar.

(O que é Yoga)

∎

O caos dominaria tudo e nada restaria
se uma Lei Eterna não criasse,
mantivesse e destruísse
simultaneamente o cosmos.
Essa dinâmica ocorre no cosmos
subatômico.

(O que é Yoga)

∎

∎

A ciência constata e estuda a infinita variedade de *seres, formas* e *fenômenos* da natureza. Mas também percebe que, por trás dessa variedade, Algo se encontra permanentemente *criando, transformando e mantendo* tudo. Esse Algo é Uno. E tudo que existe, em todos os reinos, em toda parte, em todos os níveis de ser, é expressão dessa Realidade Una, da mesma forma que a moringa, o copo e a jarra, isto é, diversos objetos, são expressão da mesma argila.

(*Juventude verdade*)

∎

■

O Universo, sendo um sistema, isto é, *o Megassistema*, para manter-se vivo e sadio, necessita de algumas leis maiores que não podem ser negligenciadas ou transgredidas sem um correspondente prejuízo. Leis como a da evolução, a da ação e reação, a do sacrifício e outras, são absolutas, e, necessariamente, devem ser mantidas.

(O essencial da vida)

■

∎

A evolução do Universo, consequentemente a de sua humanidade, faz-se por éons (eras, ciclos) denominados *yugas*, sempre regido pela imutável Lei. Os homens são os únicos seres no universo com a capacidade de delinquir, de desrespeitá-la. A contravenção, triste "privilégio" do ser humano, desencadeia crises, gera toda sorte de sofrimentos individuais, sociais e telúricos.

(O que é Yoga)

∎

A Lei Eterna administra tanto a harmonia de uma galáxia como a dinâmica íntima de um átomo. Quando tal Lei é desrespeitada, violentada, agredida, transgredida — e o ser humano é "especialista" nisto —, a desarmonia, a perturbação, instabilidade, enfermidade, desordem, o caos, a feiura e degradação se manifestam no sistema, seja ele um planeta, uma empresa, um grupo social como a família, qualquer instituição, uma orquestra, a humanidade como um todo, uma célula, finalmente, cada ser e cada objeto, portanto, cada um de nós. O domínio da Lei assegura a ordem e a harmonia, "vida" enfim. A contravenção provoca a doença e antecipa a morte.

(Iniciação ao Yoga)

∎

A ciência, que vem controlando doenças, fazendo a terra produzir mais alimento com menos esforço, melhorando tanto as comunicações e os transportes, não pode ser uma adversária de Deus. Ao contrário, desenvolvendo-se tanto, é ela que pode explicar melhor a natureza e esta Realidade Una que *cria, transforma e sustenta* todas as formas de vida na própria natureza.

(Juventude verdade)

∎

∎

Um dos maiores cientistas do mundo — Albert Einstein — era um religioso. Sabia deslumbrar-se com as maravilhas cósmicas e nelas reconhecer a presença de Deus. Não via ele a religião como coisa própria de ignorantes. Ao contrário, afirmava: "[...] acho que a religiosidade cósmica é a fonte mais poderosa e a mais nobre da pesquisa científica."

(Juventude verdade)

∎

■

Deus tem planos. Tem razões, que só
Ele, Suprema Sabedoria, conhece.

(Superação)

■

■

Na paleta do Grande Artista não há somente as cores claras. Ele usa as escuras para dar fundo, contorno, contraste e realce àquelas.

(Yoga: caminho para Deus)

■

■

O fulgor da Realidade queimaria os
olhos despreparados. É por caridade
que concede envolver-se de
aparências. Faz como o sol que,
para não encandear o viajante,
veste-se de névoa.

(Mergulho na paz)

■

■

Ninguém melhor do que Ele sabe o caminho que reconduz à "casa", Ele que é a casa e o caminho. Se precisamos de força, Ele nos dá. Se levamos bagagem em excesso, isto é, nossos apegos, Ele nos tira, embora, em nossa ignorância, nos sintamos às vezes despojados.

(Yoga: caminho para Deus)

■

■
Deus é o fundamento da ética.

(O essencial da vida)

■

■

Se você ainda se lamenta, é que ainda continua crendo mais em sua ignorância arrogante do que na sapiência de Deus. Você ainda, tolamente, acha que só você sabe o que lhe convém.

(Yoga: caminho para Deus)

■

∎

Pedi um doce e Ele me deu um limão.
Não existe um Deus que quebre a lei
que Ele mesmo instituiu para mim.

*(in site do Instituto Hermógenes,
disponível na internet)*

∎

∎

Só a Canção Universal, ensinada por Deus, entoada pelo coral das estrelas, escutada no âmago do Reino, pode calar os *ais* dos humanos, desvairados em orgasmo ou esmagados na agonia.

(Canção universal)

∎

■

Cada um de nós é um servo a quem o
Senhor (Deus, a Vida Una) confiou,
por algum tempo (que só Ele sabe),
uma soma pequena ou grande de
dons, capacidades, virtudes, poderes,
energias. Dia virá em que Ele vai
examinar a contabilidade.

(Deus investe em você)

■

∎

Não há exagero em dizer que
"Deus investe em você".
Todos somos investimentos de Deus,
porque Ele nos gera e nos mantém
com Seus recursos, Suas energias,
Seus poderes infinitos. Como todo
investidor inteligente, Deus espera
lealdade e rentabilidade. Quanto à
liquidez, é a morte que determina a
hora do resgate.

(Deus investe em você)

∎

■

O *rendimento* que o Grande Investidor espera de nossa administração dos talentos está aqui sintetizado de modo perfeito.
Ele quer que aumentemos no mundo e em cada pessoa a paz, o amor, o perdão, a união, a fé, a verdade, a esperança, a alegria e a luz.

(Deus investe em você)

Que seja eu Teu instrumento.

(Deus investe em você)

Que em tempo algum eu desperdice o tempo que Deus me deu.

(Deus investe em você)

■

■

O que os poetas veem nos crepúsculos afogueados é o mesmo que os sábios surpreendem nas leis que regem átomos e universos e os místicos escutam na voz do silêncio, que fala dentro do coração.

(Mergulho na paz)

■

∎

Deus escreve um verso em cada colibri, em todas as auroras, em todos os caminhos, em cada lágrima, no sorriso de cada um, num solo de violino, no vagido de um recém-nascido, na paz com que morre o justo, nos carinhos dos que se amam... Onde e quando, sendo Onipresente, deixa de escrever seus versos?

Eles sempre existem, mesmo que semiocultos pelas sombras dos cifrões que fazem a segurança de muitos, ou inaudíveis entre os gritos de lamento ou de gozo.

(Mergulho na paz)

∎

A alma do poeta se comove até com a folhinha vagabunda, queimada de sol, caída da árvore e que o vento arrasta sem destino.
A alma do místico vê Deus em tudo. Até na face malvada do facínora. Na aparência patética e cosmética da decaída. No olhar apático do moribundo. No dia de chuva miúda. Nos escombros fumegantes de uma catástrofe. Na dor de cada um. Na cruz de cada um. Em mim. Em nós... Para a alma do místico, o Universo todo é a inconsútil catedral do Onipresente.

(Mergulho na paz)

∎

Deus canta sempre.
Não é difícil escutá-lo.
Parece que compõe e canta música
para Si mesmo.
É isto o que aprendi do córrego
cantando nas pedras do grotão,
do solitário bem-te-vi no calmoso
verão, da brisa tangida do mar em
harpejo nas palhas do coqueiral,
dos vagalhões a arrebentar
espumas nos recifes da praia,

Continua

Continuação

do aboio do vaqueiro acalentando o gado, da chuva grossa fazendo melopeia no tapete de folhas mortas, do trovão canhoneando distantes horizontes, dos homens e mulheres que choram, que gemem, que falam, que rezam, que se afagam...

(Mergulho na paz)

∎

Obrigado, Pai Divino, pelo
crepúsculo de ontem. Tão colorido,
tão dourado, grandioso, inspirador e
tépido.
Obrigado, muito obrigado, meu Deus,
por este frio, cinzento e pesado
entardecer chuvoso, de beleza solene,
tão inspirador.
Com toda intensidade de minha alma,
com a mais profunda veemência, eu
Te agradeço por Tua presença
magnânima em todos os crepúsculos.

(Yoga: caminho para Deus)

■

Há ainda aqueles
que tentam
vãmente
prender-Te
nas rígidas estruturas de presunçosos
silogismos.

Qual o pescador
que pode segurar
nas frágeis malhas de suas redes
todo o mar?
Quem conseguiu
enjaular os furacões, os ventos
e mesmo a brisa mais tênue?

Continua

Continuação

Qual o avarento
que pode amealhar
as luzes do firmamento?
Como ousam
tolos filósofos
definir-Te,
a Ti que transcendes limites e fins?!

Não sei bem o que És.
Mas bem sei que não és
o que pensam,
dizem,
tentam explicar,
buscam expressar,
nem o que consigo sentir,
o que tento imaginar.

Continua

Continuação

> Se Te chamo Pai e Senhor
> é pela limitação de minhas
> faculdades estreitas
> e de minhas palavras inexpressivas.
>
> Provar que existes,
> proclamar quem ou que
> Tu És,
> de nada vale,
> se ainda não alcanço amar-Te:
>
> na pessoa que me ofende,
> no obstáculo que me barra o caminho,
> em minhas próprias dores,
> em minha inevitável morte.
>
> *(Canção universal)*

∎

■

O forte aguaceiro da noite
lavou o tapete de grama.
O sol da manhã joga sobre ele
exorbitância de fulgor.
Os pássaros cantam
o renascimento do dia.
O regato, de águas engrossadas pela
chuva, lavando as pedras, rumoreja
um cântico monótono e calmante.
O cheiro bom de flores silvestres e o
frio que a tepidez do sol maldisfarça
completam o quadro vivo, que, para
mim, era a mais bela catedral onde
minha alma vibra em oração.

Continua

Continuação

Tudo a falar de Deus.
Como é bom respirar e estar aqui a
comungar!...
Deus em mim goza Deus em tudo.
Sinto-me integrado no Todo.
Vale viver assim amplamente a ver
Deus presente em tudo, e tudo a
expressar Deus!

(Viver em Deus)

■

Este livro foi composto na tipologia
Cochin, em corpo 10/13,
e impresso em papel offwhite
70g/m² na LIS Gráfica.